François-Xavier Assoumou

L'intégration des valeurs : Entrepreneuriales, Qualité et Gestion

François-Xavier Assoumou

L'intégration des valeurs : Entrepreneuriales, Qualité et Gestion

Un Trio gagnant : un levier essentiel pour la formation technique

Presses Académiques Francophones

Impressum / Mentions légales
Bibliografische Information der Deutschen Nationalbibliothek: Die Deutsche Nationalbibliothek verzeichnet diese Publikation in der Deutschen Nationalbibliografie; detaillierte bibliografische Daten sind im Internet über http://dnb.d-nb.de abrufbar.
Alle in diesem Buch genannten Marken und Produktnamen unterliegen warenzeichen-, marken- oder patentrechtlichem Schutz bzw. sind Warenzeichen oder eingetragene Warenzeichen der jeweiligen Inhaber. Die Wiedergabe von Marken, Produktnamen, Gebrauchsnamen, Handelsnamen, Warenbezeichnungen u.s.w. in diesem Werk berechtigt auch ohne besondere Kennzeichnung nicht zu der Annahme, dass solche Namen im Sinne der Warenzeichen- und Markenschutzgesetzgebung als frei zu betrachten wären und daher von jedermann benutzt werden dürften.

Information bibliographique publiée par la Deutsche Nationalbibliothek: La Deutsche Nationalbibliothek inscrit cette publication à la Deutsche Nationalbibliografie; des données bibliographiques détaillées sont disponibles sur internet à l'adresse http://dnb.d-nb.de.
Toutes marques et noms de produits mentionnés dans ce livre demeurent sous la protection des marques, des marques déposées et des brevets, et sont des marques ou des marques déposées de leurs détenteurs respectifs. L'utilisation des marques, noms de produits, noms communs, noms commerciaux, descriptions de produits, etc, même sans qu'ils soient mentionnés de façon particulière dans ce livre ne signifie en aucune façon que ces noms peuvent être utilisés sans restriction à l'égard de la législation pour la protection des marques et des marques déposées et pourraient donc être utilisés par quiconque.

Coverbild / Photo de couverture: www.ingimage.com

Verlag / Editeur:
Presses Académiques Francophones
ist ein Imprint der / est une marque déposée de
OmniScriptum GmbH & Co. KG
Bahnhofstraße 28, 66111 Saarbrücken, Deutschland / Allemagne
Email: info@presses-academiques.com

Herstellung: siehe letzte Seite /
Impression: voir la dernière page
ISBN: 978-3-8416-3815-1

Copyright / Droit d'auteur © 2016 OmniScriptum GmbH & Co. KG
Alle Rechte vorbehalten. / Tous droits réservés. Saarbrücken 2016

Table des matières

Remerciements .... p 4

Préface .... p 6

Introduction .... p 7

PARTIE 1 Initiation au management .... p 9

    Qu'est ce que la qualité .... p 10
    Définition de la qualité .... p 10
    Coût de la non qualité .... p 11
    Maîtrise de la qualité .... p 11
    Maîtrise des produits non conformes .... p 12

Identification et isolation du produit non conforme .... p 13

Tableau 1 Comment l'accumulation des coûts de non qualité .... p 14

Actions correctives et préventives .... p 15

Modèle du processus entrepreneurial basé sur un système qualité .... p 17

La planification .... p 18

Le processus de surveillance .... p 19

Identification et traçabilité des biens et services .... p 19

Faire l'analyse des données .... p 20

Amélioration .... p 21

Les points concernant le mode conceptuel du processus entrepreneurial .... p 21

    Besoins du marché .... p 21
    Exigences client .... p 21

Planification .... p 21

    Politique entrepreneuriale en milieu scolaire .... p 21
    Pilotage des systèmes entrepreneurials .... p 22

Le processus de réalisation .... p 22

Résultats .... p 22

Processus de support .... p 23

Modèle conceptuel du processus entrepreneurial .... p 24

PARTIE 2

Initiation à méthodologie de la gestion des projets à l'intention des futurs élèves-entrepreneurs .... p 25

Méthode d'identification .... p 26

Tableau d'analyse des options .... p 26

Stratégie de réalisation .... p 27

Budget préliminaire .... p 28

Cas de projets entrepreneurials .... p 28
    Description du projet no 1 .... p 28
    Description du projet no 2 .... p 29

Plan de cours suggéré .... p 31

Résultats attendus .... p 33

PARTIE 3

Intentions pédagogiques d'applications des valeurs entrepreneuriales .... p 34

Quelles sont les intentions pédagogiques .... p 35

Phase de planification et préparation du projet .... p 36

Phase de réalisation .... p 37

Rôle de l'apprenant .... p 37
    Questions à se poser avant projet .... p 37
    Question liée aux partenaires .... p 37

Rôle de l'enseignant .... p 38
    Question liée à la production .... p 38
    Question liée au processus .... p 38
    Questions pour l'enseignant quant à la création à l'adaptation des produits
    après la réalisation du projet .... p 38

Phase d'intégration .... p 39
    Cas 1 .... p 39
    Cas 2 .... p 40

Facteurs de succès :
    Leadership .... p 41
    Responsabilité .... p 42
    Communication .... p 43
    Autonomie .... p 44
    Écoute .... p 45
    Qualité .... p 46

Questions pour étudiant quant à la création à l'adaptation des produits après la
réalisation du projet .... p 47

CONCLUSION .... p 48

Bibliographie .... p 49

REMERCIEMENTS

Le présent document a été élaboré dans le cadre d'une activité de colloque internationale organisée par Réseau Africain des Institutions de Formation de Formateurs de l'Enseignement Technique (RAIFFET), à Tunis (Tunisie 2008), s'intéresse au développement des recherches.

Je tiens à remercier tous ceux ou celles qui ont pu contribuer à la réalisation de ce document. En particulier mes parents Charles et Adèle, mes frères Eugène, Blaise, Albert et ma sœur Rose qui m'ont soutenus pendant mes études au Canada.

Mes remerciements vont aussi à ma femme Michèle St-Arnauld qui n'a ménagé aucun effort pour me soutenir dans toutes mes démarches et dans la rédaction de ce document.

Un remerciement va aussi à mes enfants Charles-Lester, Aima-Kossoki et Venceslas Assoumou pour m'avoir prodigué des sages conseils.

Remerciement spécial à monsieur Jean Éthier, président de IMS inc., pour sa confiance et son encouragement dans mon perfectionnement professionnel, ainsi que madame Nathalie Tardif, directeur des opérations chez IMS inc..

Monsieur Paul Melagne, M.Sc.A., enseignant en Intégration Socioprofessionnelle, Centre de ressources éducatives et pédagogiques (CREP pour sa contribution pour son apport et expertise dans le domaine de l'entrepreneuriat, commission scolaire de Montréal).

Hippolyte Tollah, PhD, Enseignant-Chercheur à l'Université du Québec à Trois-Rivières, ainsi que Paul Angoua, PhD, gestion sciences économiques.

Ainsi que tous les auteurs à qui j'ai fait référence.

Mes remerciements vont aussi à l'endroit des professeurs gabonais qui ont bien voulu participé au projet pilote d'entrepreneurial, en occurrence :

Monsieur Abdul Raim
 Alamedine, professeur de génie civil

Monsieur Kaba Amara, professeur de génie électrique

Monsieur Fassassi, professeur de froid et climatisation

Monsieur Pierrel, professeur de métier du bois

Monsieur Jean Sylvain Bekalé Nze, professeur, actuel Ministre Délégué à l'urbanisme et logements du Gabon, président du Réseau Africain des Institutions de Formation de Formateur de l'Enseignement Technique (RAIFFET)

Monsieur Nang Ndong, Directeur Générale de l'École Normale Supérieure de l'Enseignement Technique.

Ainsi qu'aux organisateurs du colloque de Tunis de 2008

PRÉFACE

J'ai toujours eu le goût d'entreprendre depuis que je suis jeune, n'ayant pas eu la chance moi-même d'être encadré pendant mon parcours scolaire, j'ai dû acquérir ma propre expérience en milieu de travail.

Cependant, je savais que le besoin d'entreprendre était toujours là en moi. Avec ma formation académique en ingénierie et une maîtrise en administration des affaires combinée à une solide expérience en enseignement des technologies de génie électronique et plusieurs années en gestion de la qualité ISO 9001-2015 et de la méthode KAIZEN (amélioration continue), j'ai commencé à planifier un processus du développement de l'entrepreneuriat qui permettrait aux jeunes en milieu scolaire de développer leur sens entrepreneurial.

Voici donc le but de ce document que je vous présente afin de soutenir nos jeunes et peut-être les moins jeunes à avoir une méthode qui leur permettra de devenir de meilleurs entrepreneurs tout en ayant le soucis de l'environnement et du bien être des personnes qui les entourent. Ce qui leur permettra de rester sur les bancs de l'école et d'éviter le décrochage scolaire que nous rencontrons un peu partout, puisqu'ils auront une approche nouvelle qui leur donneront le goût d'y rester. Car l'école traditionnelle semble rencontrer des limites.

Ayant vu le manque du processus de l'intégration de l'entrepreneuriat dans les écoles, j'ai conçu ce modèle, qui consiste non seulement à promouvoir les différentes valeurs entrepreneuriale qui sont :

Développer l'innovation, le leadership, la responsabilité, l'autonomie, l'envergure, l'écoute etc. ainsi que la communication, (Fillion, Louis Jacques, Presses Inter Universitaires, 2005, 80p).

En plus de ces valeurs, je viens leur proposer des compétences telles que la gestion de la qualité, et la gestion des projets pour avoir un trio gagnant que j'ai développé dans mon document pour les jeunes élèves futurs entrepreneurs, qui viendra soutenir ce dernier, afin de permettre d'intégrer les valeurs entrepreneuriales et la pratique opérationnelle dans l'école. Deux cas de projet que j'ai réalisé dans le cadre du cercle entrepreneurial au Canada et en Afrique, spécifiquement au Gabon vous serons présentés dans ce document.

Introduction

Aujourd'hui, l'importance des petites et moyennes entreprises est reconnue par tous les gouvernements, à cause de son rôle clé dans la création d'emplois et, par conséquent dans la création de la richesse et d'une qualité de vie supérieure. La mondialisation et la libéralisation des marchés ont permis aux économies de plusieurs nations de se développer considérablement, contrairement à d'autres qui le sont moins. L'Afrique reste le continent qui éprouve le plus de difficultés à tirer avantage de ce phénomène car l'innovation et l'entrepreneuriat ne sont pas assez valorisés dans les écoles. Quant aux écoles canadiennes, la promotion des compétences qualité et l'intégration de la gestion de projet auprès des jeunes ne sont pas non plus très élaborés. Donc c'est une occasion pour moi de voir à combler ce besoin qui semble être un point important, qui pourrait soutenir l'économie de demain, en terme de création d'emplois, améliorer la richesse, diminuer les pauvretés par une réduction de chômage universelle.

L'esprit d'entreprendre et la culture entrepreneuriale apparaissent comme des valeurs incontournables à intégrer en tant que processus d'apprentissage dans le réseau scolaire, afin d'outiller les jeunes à affronter le milieu de travail favoriser les créations individuelles ou collectives.

En effet, les jeunes durant leur formation professionnelle devraient être sensibilisés et stimulés à l'entrepreneuriat par le milieu scolaire en mettant en place des ressources adéquates tant humaines (accompagnement et mentorat) que financières pour assurer la réalisation de projet.

En leur donnant des nouveaux outils selon la tendance du marché, tel que les éléments de la gestion de la qualité, selon des normes internationale bien reconnues mondialement comme ISO 9001, pour les entreprises de la production des biens et services. Puisque le marché est de plus en plus compétitif et les clients sont aussi exigeants. Alors la qualité doit s'imposer à nos futurs entrepreneurs qui sont dans l'incubateur du cercle entrepreneurial.

Suite à une série de réflexion et de consultation de plusieurs intervenants du milieu éducatif, un modèle d'intégration des valeurs entrepreneuriales dans les écoles de formation technique a été développé par moi. La particularité de ce modèle s'explique par le fait qu'il s'inscrit dans un processus qualité dont les facteurs sont contrôlables et mesurables. Quant à la gestion des projets, elle est incontournable à la prioriser, à discuter et à l'enseigner dans le cadre du cercle entrepreneurial. Deux cas d'exemple vécus ont été utilisés tout le long de ce document que verrez plus loin.

PARTIE 1

INITIATION AU MANAGEMENT DE LA QUALITÉ À L'INTENTION DES FUTURS ÉLÈVES-ENTREPRENEURS

Nous abordons ici de manière sommaire la notion de la gestion de la qualité, afin de sensibiliser nos élèves à cet élément important du processus de gestion.

<u>VOICI CI-DESSOUS LES AVANTAGES POUR IMPLANTER UNE GESTION DE QUALITÉ DANS UNE ENTREPRISE QUE VOUS CRÉEREZ A LA FIN DE VOTRE PROCESSUS ENTREPRENEURIAL.</u>

D'abord qu'est ce que la qualité ?

La qualité se définit comme un ensemble des caractéristiques d'une entité qui satisfait les besoins exprimés et non exprimés du client.

- Il faut noter que la qualité est une notion très subjective, car la perception varie en fonction des individus.

La qualité ne peut se chiffrer qu'au coût de la non qualité.
Et la gestion de la qualité est une planification globale de l'ensemble des ressources matérielles, humaines, production et environnementales décidé par la haute direction de l'organisation.

Définition de la qualité:

La qualité est définie comme un ensemble de caractéristiques d'un item ou d'une entité qui satisfait les besoins exprimés et non exprimés du client.

La qualité est une notion très subjective, la perception varie en fonction des individus. La qualité ne peut se chiffrer qu'au coût de la non qualité, par conséquent il faut mettre en œuvre une méthode quantitative pour accumuler les coûts de non qualité et nombre de retour de non conformité, tel qu'indiqué dans les tableaux ci-dessous. Pour l'entreprise (ZX).

C'est quoi un retour de non conformité (RNC) ?
Un retour de non conformité est l'erreur externe détectée par le client.

C'est quoi le coût de non qualité ? :

Un coût de non qualité est le coût de la reprise du travail sur le même produit.

SYSTÈME DE QUALITÉ :

Quant au système de qualité, il est défini comme étant un ensemble de la structure de l'organisation, des responsabilités planifiées, des procédures élaborées, des procédés industriels, des ressources humaines et matérielles pour mettre en œuvre une gestion de la qualité.

LA MAÎTRISE DE LA QUALITÉ :

Pour maitriser la qualité, cela suppose de maîtriser les 5M suivants, (Réf. ISO 9001) :

1.- Main d'œuvre;
2.- Machines;
3.- Matériaux;
4.- Méthodes ou modes opérationnels;
5.- Milieu.

MAÎTRISE DES PRODUITS NON CONFORMES OU RETOUR DE NON-CONFORMITÉ

Le processus de retour de non conformité dans votre future organisation vous permettra de suivre avec précision et de contrôler les plaintes clients. Lors d'une insatisfaction d'un client, le formulaire de retour de non conformité (RNC) est rempli par n'importe quel employé de l'entreprise, un numéro de RNC est attribué à chaque non conformité pour fin de traçabilité des biens et services non conformes.

Le responsable qualité que vous aurez nommé peut donc effectuer un suivi du dossier en consultant la base de donnée des RNC dans votre système informatique prédéfini dans votre organisation.

Les RNC émis devront être accompagnés de toute documentation d'appui générée ou utilisée au cours de l'investigation et de la disposition du RNC.

IDENTICATION ET ISOLATION DU PRODUIT NON-CONFORME

Comment faire l'étape d'identification et isolation du produit non conforme dans votre organisation? Un processus important et incontournable.

Tout produit non conforme ne pouvant pas être traité immédiatement doit être isolé, lorsque possible, en le plaçant en quarantaine dans les cabinets appropriés et doit être identifié par une feuille intitulée, **"MATÉRIAUX NON CONFORMES", avec un numéro de formulaire.** Cette feuille doit être jointe au produit, contenant ou palette, selon le cas ou la forme que vous donnez à votre entreprise dès que le RNC est émis, son numéro doit être inscrit sur la feuille de **"MATÉRIAUX NON CONFORMES"**.

Une fois émise, la feuille de "MATÉRIAUX NON CONFORMES" devra demeurer jointe au matériel jusqu'à ce qu'un nouveau contrôle permettant de déterminer si l'article est acceptable ou de vérifier que le traitement autorisé a bel et bien été effectué.

Lorsque le retour de non conformité est fermé, la feuille de "MATÉRIAUX NON CONFORMES" peut être détruite ou disposée qui démontre que l'erreur sur le produit ou biens et services a été corrigée, Enregistrement des non conformité (NC)

Les informations sont inscrites dans un formulaire. Le RNC devra spécifiquement énoncer tous défauts ou divergences détectés, et si possible, l'analyse de leurs causes probables.

Tous les RNC complétés et autre documentation de référence aux non conformités devront être conservés en filière électronique dans le système de traitement RNC, les RNC fermés sont alors classés par mois pour des fins statistiques. Voici donc ci-dessous indiqué un bon exemple que j'ai développé dans une entreprise que je vous fais l'honneur de vous présenter à titre d'exemple (Tableau 1).

Ces retours de non conformité doivent être imputés à chacun des services de votre organisation que vous aurez à créer. En voici un exemple des différents services presque standards que je vous propose de manière exhaustive que des coûts sont à imputer :

Voici les services concernés, mais ces services sont catégorisés en deux :

    1.- les services internes
    2.- les services externes.

Les coûts des services internes sont des coûts imputables à nos services internes comme :

Le service à la clientèle, la production des biens et services, l'estimation, le marketing, l'ingénierie, l'administration, les achats, l'expédition et la réception, l'informatique ainsi que des zones classées autres et inconnu.

Les coûts reliés aux services externes sont ceux non maîtrisés imputés aux fournisseurs, et aux clients. Tous ces coûts internes et externes doivent être compilés à tous les mois et inscrits dans un tableau (voir exemple du tableau 1) pour fin de revue annuelle de direction.

Aussi, je voudrais mentionner un élément important, qui doit être su et utilisé, est que ces non-conformités doivent être perçues comme des indicateurs de performance pour chacun des services, puisque cela permettra de se corriger et de s'ajuster. Car c'est les erreurs qui nous permettent de s'améliorer constamment.

Ce qui m'amène de vous parler d'un chapitre sur les actions correctives qui est aussi une exigence importante et même obligatoire (Réf. ISO 9001).

Tableau 1

Comment faire l'accumulation des coûts de non qualité en dollars canadien ($)

Illustré à titre d'exemple

	juillet	août	sept	oct	nov	dec	janv	fevr	mars	avril	mai	juin
Administration	100	50	-	-	135	-	50	50	25	150	-	95
Expedition	450	250	100	150	438	100	300	475	100	444	150	
Clients	506	1 515	686	1 425	1 964	450	543	430	450	200	450	1868
Fournisseurs	1 040	1 413	400	390	536	1 559	5 350	200	752	501	1 469	3 349
Informatique	-	-	-	584	90	-	-	-	196	560	180	1465
Marketing	-	-	-	-	-	-	-	-	-	-	-	-
Production	2 122	9 687	1 561	1 157	4 126	946	218	2 457	1 707	4 288	3 418	6150
Services Techniques	-	143	50	225	120	-	285	-	50	-	50	285
Ventes	1 460	499	9 604	3 161	1 421	1 226	243	1 070	415	865	200	367
Service clientèle	440	225	250	1 741	430	650	575	450	50	950	625	1184
Production /estimation	2 318	1 107	-	100	600	404	175	482	25	100	25	6242
Ingénierie	-	-	-	-	-	-	-	-	-	-	-	-
Autres	100	200	1 305	50	364	50	-	167	279	200	250	134
Zone-inconnu	-	897	-	-	76	100	50	-	215	100	-	-
Sous-Total Interne	6 890	11 961	11 565	7 118	7 360	3 326	1 846	4 984	2 568	7 357	4 648	15 947
Sous-Total Externe	1 646	4 025	2 391	1 865	2 940	2 159	5 943	817	1 696	1 001	2 169	5 351
TOTAL		15 986	13 956		10 300			5 801	4 264	8 358	6 817	21299

Source IMS INC

LES ACTIONS CORRECTIVES ET PRÉVENTIVES

Votre organisation doit mettre en œuvre des actions correctives afin d'identifier, d'analyser et d'éliminer la ou les causes des non conformités relevées au cours des différents processus internes, des non conformités dues aux fournisseurs ainsi que pour le traitement des réclamations des clients. L'étendue de la mise en œuvre des actions correctives est effectuée en tenant compte de l'importance des problèmes et en rapport avec les risques encourus. (Réf: ISO 9001 procédure qualité)

ACTIONS PRÉVENTIVES

Votre organisation doit se servir des informations qu'elle a recueillies à travers son système de gestion de la qualité et de tous les moyens dont elle dispose pour voir à détecter, analyser et éliminer les causes potentielles de non conformités. La planification des étapes appropriées pour le traitement, le déclenchement et le suivi du processus de prévention sont vérifiés, documentés et portés à votre revue de direction.

La méthodologie utilisée et le personnel responsable de la détermination, de la documentation et du suivi de vos actions correctives et préventives effectuées par votre organisation ou ses fournisseurs devront être définis dans votre document qualité.

La question de savoir quels sont les avantages liés aux organisations à s'approprier d'une gestion basée sur des normes internationales de qualité ISO 9001.

Pour répondre à cette question, on peut classer ses avantages à deux niveaux:

Au niveau des entreprises privées:

La certification est un moyen d'attester surtout par l'intermédiaire d'un registraire agréé par ISO comme certificateur de l'aptitude à l'entreprise à fournir des biens et services ou un système conformes aux exigences des clients ainsi qu'aux exigences réglementaires dans les affaires.

En d'autres termes, selon ISO : c'est la procédure par laquelle une tierce partie donne une assurance écrite qu'un produit, un processus ou un service est conforme aux exigences spécifiées dans un manuel.

Donc, un système de Management de la qualité (SMG) donne les exigences sur les bonnes pratiques à mettre en oeuvre au sein d'une organisation pour tendre vers l'excellence et lui permettre de vendre ses produits et services partout dans le monde. Alors, étant donné que le monde des affaires doit intégrer de meilleures pratiques, c'est pour cette raison que l'on doit initier les jeunes entrepreneurs en milieu scolaire de la gestion de la qualité au sein de leur organisation.

De façon explicite en voici les différents avantages :

- La reconnaissance internationale;
- Une bonne image marketing avec un positionnement et concurrence possible sur le plan international ainsi que dans les relations commerciales nationales et internationales;
- Permet la réduction des disfonctionnements, des anomalies, des non-conformités ;
- L'amélioration de l'écoute client permet de fidéliser le client et les retenir ;
- Favorise une démarche qualité et permet d'homogénéiser le fonctionnement avec ses différents départements par l'établissement des objectifs clés et d'indicateur de performance;
- L'ouverture sur le marché international en donnant la confiance aux partenaires prospectés que l'entreprise fonctionne selon un système qualité universellement reconnu;
- Une valeur ajoutée de l'entreprise qui maîtrise mieux son propre fonctionnement et pour ainsi optimiser son rendement et augmenter ses profits;
- Améliorer son environnement et donner une assurance aux actionnaires et employés;
- Pour l'entreprise, c'est une obligation de se conformer aux exigences déontologiques, réglementaires et légales.

Voici comment établir un programme de formation en système management de qualité (SMG), en voilà les étapes :

- Implanter une vraie démarche qualité :

- Leur donner une démarche qualité pour l'amélioration de la performance financière de l'entreprise, et montrer *comment faire.*

- Faire de manière périodique des vérifications de qualité internes appelées (Audit interne).

- Comment réaliser des audits internes qualité, *leur montrer comment faire.*

- Implanter la gestion par processus selon une cartographie des processus.

On identifie avec les étudiants les processus et sous processus dans une organisation et montrer comment les cartographier avec logiciel Visio. Grâce à des entrevues, des questionnements aux différents responsables de l'organisation.

Faire une évaluation mensuelle du coût de la non qualité.
Leur montrer comment évaluer la qualité tout en mesurant la non qualité de leurs biens et services à l'aide d'outils d'aide à la décision et les accumuler dans un tableau. Référence (Statistique des coûts de non qualité ci-haut indiqué).

Leur fournir une formation sur l'amélioration continue (KAIZEN) pour un perfectionnement constant. En un mot, nous aidons les étudiants dans leurs démarches qualité jusqu'à la certification ISO 9001 :2015. C'est pourquoi, nous développons ce modèle qui suit:

MODÈLE CONCEPTUEL DU PROCESSUS ENTREPRENEURIAL BASÉ SUR UN SYSTÈME DE QUALITÉ

Ce modèle s'inscrit sur un concept de qualité, tout simplement parce que nous voulons bien valoriser la culture entrepreneuriale dans les organisations scolaires. Une fois que les jeunes élèves ont acquis et intégré cette valeur, à la sortie de l'école ces jeunes sont prêts à innover, entreprendre, à créer des entreprises, fabriquer des biens et à offrir des services pour le compte du marché local et/ou international.

En temps que futurs gens d'affaires, ils auront à convaincre le marché et à faire face à la concurrence.

En ce moment, ils auront un défi à fabriquer des biens et services qui répondent aux exigences des normes de qualité établies. Soit la norme de qualité ISO 9001 version 2015. Cette norme requière un certain nombre d'éléments importants à enseigner aux jeunes de 16 à 35 ans :

- la planification;
- le processus de réalisation;
- le processus de support;
- le processus de surveillance;
- les besoins du marché;
- les exigences du client (satisfaction du client).

LA PLANIFICATION

La planification consiste à planifier les ressources humaines, les ressources matérielles et les ressources environnementales ainsi que la santé et la sécurité au travail.
Les principaux thèmes de planification dans une démarche qualité (Réf. norme ISO 9001 ou autres référentiels de système de management de la qualité) sont :

- planification des évolutions et modifications du système de management de la qualité ;
- planification de la réalisation des produits et services ;
- planification de la conception ;
- planification des objectifs qualité ;
- planification des audits internes ;
- planification des revues de direction et des éventuelles revues de processus ;
- planification de l'amélioration ;
- ainsi que la planification des informations.

Qui doit prendre en charge les planifications du système de management de la qualité de votre organisation ?

En tant que patron et responsable qualité votre rôle est crucial dans la planification du système de management de la qualité ou nommer un représentant si les moyens vous le permettent.

Ensuite, vous entamer la démarche qualité.

LE PROCESSUS DE SURVEILLANCE

Les entrepreneurs doivent prévoir des appareils de surveillance et de mesure; de manière explicite. Leur organisme doit déterminer, fournir et entretenir les dispositifs de surveillance et de mesures nécessaires à la vérification de la conformité aux exigences du produit et assurer que les équipements sont adaptés à l'usage.

Ils sont tenus de conserver des informations documentées appropriées comme preuves de qualification des appareils de surveillance et de mesures (Réf ISO 9001).

Les différents processus développés sont vérifiés lors de vos vérifications internes. L'analyse des non conformités permet aussi d'évaluer l'efficacité des processus en place. En plus, chaque chef de service ou directeur de votre organisation est responsable de mettre en place des méthodes afin d'évaluer les processus utilisés. Lorsque requis, ces méthodes devront être décrites dans les directives appropriées.

La surveillance se fait à travers la procédure des vérifications. La synthèse des processus se fait lors des revues de direction. Les mesures sont faites au besoin et sont définies au coût par coût.

IDENTIFICATION ET TRAÇABILITE DE VOS BIENS ET SERVICES

Lorsqu'il y a un risque de confusion sur les produits ou biens et services, votre organisation doit identifier les produits ou biens et services qu'elle reçoit de ses fournisseurs ou de ses clients. De même, en cours de production ou de déroulement de service jusqu'à la livraison chez le client, votre organisation identifie ses produits ou ceux des clients de la manière la plus appropriée selon la nature du produit et des exigences des clients.

Par conséquent, votre organisation doit développer son propre système de traçabilité sur ses produits réalisés, sur le travail technique et sur d'autres projets. Si d'autres méthodes de traçabilité sont requises périodiquement, elles devront être revues conformément à votre contrat et mises en place par le personnel approprié.

La méthodologie devant être utilisée et le personnel responsable de la maîtrise, des enregistrements et de l'identification et traçabilité des produits au sein de la Compagnie doivent être conformes à ce qui est défini à une procédure écrite.

NB

1. Les appareils de surveillance et de mesures peuvent inclure les équipements de mesures et d'évaluation des méthodes comme les inspections.

2. Ces appareils de surveillance et de mesure peuvent être étalonnés ou vérifiés, ou les deux, à des intervalles spécifiés, ou avant utilisation, par rapport à des étalons de mesures reliés des étalons de mesures internationaux et nationaux.

FAIRE L'ANALYSE DES DONNÉES

Votre organisation doit analyser les données servant à l'amélioration de votre système de gestion et à en montrer son efficience. Ces analyses doivent donner des informations sur :

- La satisfaction de la clientèle;
- La conformité des produits aux exigences que vous vous imposées;
- Les caractéristiques et les tendances des produits et des processus;
- Les relations avec vos fournisseurs.

La méthodologie utilisée et le personnel responsable de l'identification, de la conduite et de la documentation des analyses des données doivent être conformes dans votre registre des analyses statistiques.

AMÉLIORATION

Votre organisation, à travers son système, se doit de s'améliorer de façon continue en utilisant à bien ses politiques et ses objectifs définis, ainsi que les résultats de ses vérifications internes (ou audit), de ses analyses des données, de ses actions correctives et préventives et de ses revues de direction périodiques.

LES POINTS CONCERNANT LE MODÈLE CONCEPTUEL DU PROCESSUS ENTREPRENEURIAL

Point numéro 1

LES BESOINS DU MARCHÉ

Afin de mieux cibler les besoins du marché, les futurs entrepreneurs doivent se doter d'une étude de marché pour mieux répondre aux exigences du marché. Par exemple : lors de la conception de ses produits, l'entrepreneur doit tenir compte de l'environnement, de la santé et sécurité en milieu de travail.

Point numéro 2

LES EXIGENCES DU CLIENT (SATISFACTION DU CLIENT)

En plus des non conformités analysées, votre organisation doit évaluer au moins une fois par an l'évaluation de la satisfaction de la clientèle et en fait une synthèse présentée lors de la revue de direction. (Réf.ISO 9001)

Point numéro 3

PLANIFICATION

POLITIQUE D'ENTREPRENARIAT EN MILIEU SCOLAIRE
(Ex. Ministère, Conseil d'administration, etc.)

Engagement du ministère, du conseil d'administration (C.A.), toute haute direction d'une commission scolaire.

La haute direction reconnaît son engagement à opérer conformément aux politiques et procédures décrites dans un manuel du programme d'assurance de la qualité. Cette dernière doit s'assurer que ce programme soit rigoureusement appliqué dans leurs établissements d'enseignement respectif évoluant dans le programme d'entrepreneuriat.

Elle s'engage aussi à communiquer l'importance de satisfaire aux exigences de l'ensemble de ce programme entrepreneurial, comprenant trois phases soit la **démarche qualité**, **l'entreprenariat** en lui-même ainsi que la méthodologie d'une **gestion de projets**.

PILOTAGE DU SYSTÈME ENTREPRENEURIAL
(direction générale école)

Les directeurs généraux sont considérés comme les pilotes du système défini par la haute direction.

Point numéro 4

LE PROCESSUS DE RÉALISATION

Pour la réalisation de biens et services, on a besoin de la main-d'œuvre qualifiée, de la méthode, la maintenance et machine-matériel. Ainsi que les valeurs entrepreneuriales suivantes : innovation, autonomie, envergure, mobilisation (leadership), responsabilité et formation.

Point numéro 5

RÉSULTATS

Les biens et services réalisés par les étudiants entrepreneurs. Soumis au contrôle de qualité, afin de s'assurer de la qualité du produit à soumettre au client. Ce processus est inculqué aux étudiants au tout début de leur formation d'entreprenariat.

Point numéro 6

LE PROCESSUS DE SUPPORT

Le processus de support comprend les éléments suivants qui supportent tout système de gestion management. Les futurs entrepreneurs doivent prévoir un plan finance, un plan marketing, un plan de maintenance, un plan des ressources humaines et matérielles ainsi qu'une formation continue (mentorat) dans leur structure organisationnelle.

Tous ces points décris ci-haut se retrouvent dans une boucle d'amélioration continue telle qu'illustré dans le modèle ci-dessous.

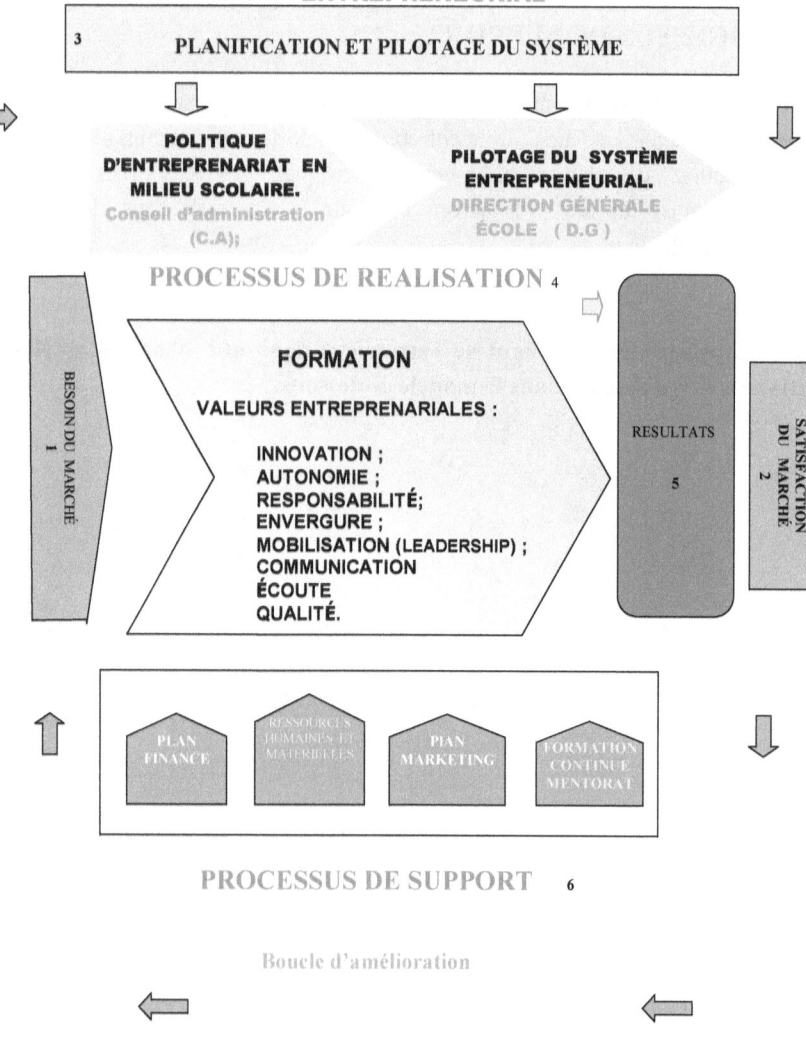

PARTIE 2

INITIATION À LA MÉTHODOLOGIE DE LA GESTION DE PROJET À L'INTENTION DES FUTURS ÉLÈVES-ENTREPRENEURS

Étant donné que le système entrepreneurial est un mode projet, nous allons nous atteler dans cette partie du livre, à démontrer toute la méthodologie de la gestion de projets de façon précise et concise, afin que les futurs entrepreneurs s'approprient des éléments importants en gestion des projets, dans le cadre de l'entrepreneuriat.

Il vous sera démontré par la suite, avec des exemples concrets de cas réalisés en milieu scolaire.

Voici les étapes de la méthodologie de la gestion de projet, qui consiste à une méthode d'identification projet (MIP)

À une planification, à une réalisation et à une terminaison du projet.

LA METHODE D'IDENTIFICATION :

Doit comprendre :

- Le but du projet livrable qui doit être clairement identifié ;
- Les objectifs doivent être déterminés et mesurables ;
- Évaluer une analyse des options, leur pertinence, leur faisabilité ainsi que leurs risques liés à chaque option. Il est donc important de justifier votre option choisie et aussi expliquer pourquoi vous avez rejeté les autres options,

(voir détails dans le tableau ci-dessous)

TABLEAU D'ANALYSE DES OPTIONS

Options identifiées	Pertinence	Décrire la faisabilité	Définir les risques
No1	Est-ce que l'option est pertinente ?	Est-ce que ce projet est faisable ?	Quels sont les risques associés à cette l'option.
No2	Même item	Même item	Même item
No3	Même item	Même item	Même item
Etc…	Même item	Même item	Même item

Source gestion des projets ADM-722

En complétant un tableau tel que indiqué dans ce tableau, vous permettra de faire une bonne analyse des options avec des risques et par la suite :

- retenir l'option choisie ainsi que les risques liés.

Maintenant, il sera mieux de montrer aux futurs entrepreneurs qu'ils doivent estimer, le problème de risque, voire même à quantifier le coût de risque, c'est-à-dire :

En cas d'événement prévisible, quelles seront les actions préventives, en clair ce qu'il faut prévoir ou planifier maintenant avant le démarrage du projet, évaluer même la probabilité que cet événement ne survienne (prévoir l'imprévisible).

STRATÉGIE DE RÉALISATION D'UN PROJET

Définir une stratégie de réalisation incluant les éléments décrits dans le tableau ci-dessous :

La phase	Description	Calendrier
Type d'activité	Description de l'activité	Combien de temps

Définir la dimension environnementale, sociale, culturelle, organisationnelle et économique :

Aspect organisationnel : prévoir une description des processus, procédures à utiliser lors des opérations.

Aspect politique : pour tout projet à réaliser, il faut démontrer aux futurs entrepreneurs de s'assurer des aspects politiques dans le pays dans lequel le projet doit être réalisé.

Voir la stabilité et la sécurité du pays, afin d'éviter des coûts non désirables, voire même l'arrêt du projet.

Aspect infrastructure : l'entrepreneur doit s'assurer que les infrastructures sont présentes et que le projet peut être réalisé sans problème.

Enseigner aux futurs entrepreneurs que les aspects culturels et économiques doivent être pris en compte lors de la réalisation d'un projet.

Leur montrer aussi une planification opérationnelle qui se résume ainsi :

De prévoir la gestion du contrat, de mener une étude de faisabilité.

De déterminer quoi faire dans un projet, planifier l'aspect financier, c'est-à-dire combien ça peut coûter, quelles sont les ressources humaines et matérielles disponibles, qui fait quoi et quels seront les moyens de contrôle ainsi que les informations disponibles.

BUDGET PRÉLIMINAIRE

Établir un Budget suivant le tableau ci-dessous indiqué :

Les extrants	Ressources humaines	Ressources matérielles	Total coût

CAS DE PROJETS ENTREPRENEURIALS

La mise en œuvre d'une entreprise de fabrication et de service.

DESCRIPTION DU PROJET NO 1

À partir d'un concept électronique (à savoir, le module intégré de contrôle de moteur), les étudiants du programme entrepreneuriat effectuent la mise au point d'un système électronique servant au contrôle des moteurs de ski nautique et de motoneige, pour un sous traitant de la compagnie Bombardier, entreprise canadienne de réputation mondiale. Illustration à titre d'exemple seulement

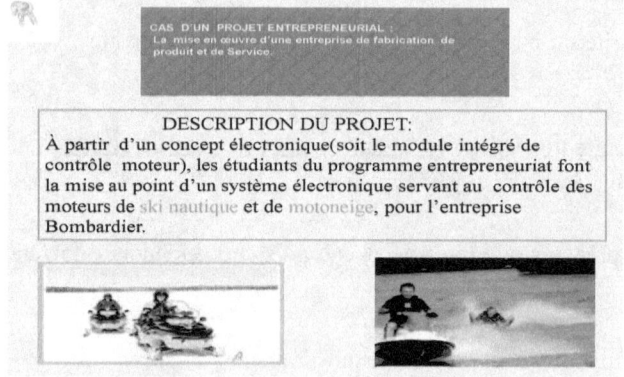

DESCRIPTION DU PROJET NO 2

Construction d'une salle de professeur à l'École Normale Supérieure de l'enseignement Technique de Libreville (ENSET Gabon), selon une approche systémique.

Le contexte du projet :

Pendant mes cinq années à l'international, pour le compte de l'Agence Canadienne de Développement Internationale (ACDI), et dans le cadre de la coopération Canada-Gabon sur la phase V, étant affecté comme professeur en Génie électrique à l'École Normale Supérieure de l'Enseignement Technique (ENSET), j'ai eu l'occasion d'expérimenter un projet entrepreneurial à l'aide de la collaboration de la direction générale, d'autres professeurs de différentes spécialités ainsi que les étudiants de l'ENSET de Libreville à initier et réaliser un projet entrepreneurial.

But du projet :

Intégrer la valeur entrepreneuriale au sein de l'organisation scolaire de l'École Normale Supérieur de Libreville.

La finalité du projet : la salle des professeurs construite par les étudiants de l'ENSET de Libreville.

Stratégie d'enseignement utilisée : combinaison de l'enseignement traditionnel avec intégration des valeurs entrepreneuriales.

Rôle des enseignants :

Un groupe d'enseignants volontaires dont je faisais parti se sont constitués en un groupe de consultant-conseil multidisciplinaire, représenté par:

Un spécialiste en construction pour la conception et l'exécution du plan du bâtiment;

Un spécialiste en génie électrique, pour les opérations d'électricité de bâtiment;

Un spécialiste en génie électronique industriel (moi-même), pour l'intégration des éléments électroniques, dans le bâtiment;

Un spécialiste de froid, pour l'ensemble du système de climatisation;

Et un spécialiste des métiers de bois, pour la fabrication et l'intégration des meubles.

Dans ces deux cas, les enseignants spécialisés dans le domaine de la qualité doivent fournir des plans de formation relatifs à la qualité qui doivent respecter les points suivants:

Définir des objectifs, but, ainsi que le contexte de la formation, la méthodologie utilisée dans le cas de la formation en qualité (voir un exemple de plan de formation) décrit ci-dessous.

PLAN DE COURS SUGGÉRÉ

L'objectif et le but du cours

Ce cours concerne la gestion de la qualité basée sur la norme ISO 9001, conçue pour les entreprises modernes de productions de biens et services.

Le but du cours est de donner l'occasion au futur entrepreneur (étudiants) de se familiariser avec le concept qualité, l'identification, la cartographie des Processus et sous-processus, ainsi que les interactions entre processus.

De montrer les principes de qualité ainsi que les outils d'aide à la décision, qui peuvent aider le gestionnaire à trouver la meilleure solution aux problèmes des opérations.

Contexte du cours

Les compétences recherchées

Ce cours permet à l'étudiant de comprendre l'évolution de la gestion de la qualité selon ISO 9001, comme base acceptée mondialement, depuis les débuts de la révolution industrielle de la production de biens jusqu'à la situation actuelle. Identifier et cartographier les opérations dans une entreprise moderne.

Méthode utilisée

Des exposés par l'enseignant ;
> Les exposés par l'enseignant servent à présenter de façon structurée les principes et techniques de la formation.

Des lectures obligatoires ;
> À chaque leçon, la lecture est obligatoire.

Des laboratoires de préparation aux examens sont obligatoires.

Des applications pratiques sur le marché du travail à prévoir.

À certaines des leçons, dans le but de permettre à l'étudiant de vérifier, au moyen d'applications numériques, sa compréhension des techniques étudiées, des exercices seront effectués, individuellement ou en groupe, en classe, au laboratoire, à l'ordinateur ou à la maison); les solutions seront discutées au plus tard au début de la leçon suivante.

Pour s'assurer de la bonne compréhension des jeunes étudiants.

Des exemples précis en milieu industriel sur les opérations d'entreprises

Les exemples servent à illustrer par des cas concrets les principes et techniques présentés; elles peuvent être discutées en classe ou faire l'objet d'un rapport d'analyse;

Des visites industrielles :

Ces visites ont pour but de permettre à l'étudiant de voir des systèmes de qualité en fonctionnement et de rencontrer des praticiens de la gestion des opérations; après chaque visite, un rapport individuel sera préparé par les étudiants.

Rôle de la direction générale :

Le rôle de la direction générale était d'orienter la politique entrepreneuriale, fournir les moyens logistiques et pédagogiques, assurer la communication entre la direction de l'École et les instances ministérielles gabonaises.

Rôle des étudiants :

En fonction des formations en sciences fondamentales et techniques reçues, dans leur, ils sont les pilotes du projet, à partir de la conception du plan jusqu'à la réalisation du projet en groupe pluridisciplinaire, selon un ordonnancement précis et en respectant les normes internationales du bâtiment et de qualité.

RÉSULTATS ATTENDUS :

La réalisation de ce projet avec tous les enseignements ont permis de mettre en évidence les valeurs entrepreneuriales enseignées telle que :

La responsabilité : De s'assurer de mener à bien chacune des étapes du projet ainsi que la coordination des groupes d'intervenants;

L'innovation : C'est une étape qui a permis de développer le sens de création et d'innovation de chacun afin de voir leur projet réalisé;

L'envergure : La réalisation de ce projet leur a démonté leur capacité à développer leur potentiel et valoriser leurs connaissances;

La communication : C'est un aspect important dans la gestion de projet car elle permet de mieux coopérer entre les intervenants et de faire moins d'erreur qui sauve temps et argent et permet d'éviter des conflits inutiles.

La mobilisation (leadership) : Ce projet a permis de déterminer le leadership de chacun;

L'autonomie : Ça démontre le sens d'indépendance de chaque participant lors du développement du projet.

La qualité : De s'assurer de la qualité des biens et services réalisés.

PARTIE 3

INTENTIONS PÉDAGOGIQUES D'APPLICATIONS DES VALEURS ENTREPRENEURIALES

QUELLES SONT LES INTENTIONS PÉDAGOGIQUES DE CE PROJET AVEC APPLICATION DE LA VALEUR ET CULTURE ENTREPREUNARIALES ?

- Le projet entrepreneurial : produits et services développés par les futurs entrepreneurs.

- La forme de production :

- cas no 1 : module électronique (projet Bombardier sous-traitant Mégatech Électro)

- cas no 2 : construction de la salle des professeurs (projet Gabon)

- Les compétences entrepreneuriales ciblées : développer des stratégies pour mener à terme un projet entrepreneurial. C'est-à-dire utiliser toutes les techniques de la méthodologie d'une gestion de projet.

- La clientèle visée : les jeunes de 16 à 35 ans. Cependant, cette approche peut s'étendre du primaire jusqu'à la formation aux adultes, tout âge confondu.

Il serait bénéfique d'entreprendre ce concept d'enseignement au primaire auprès des plus jeunes par tous les pays, car ils ont des idées innovatrices lors des projets scolaires. De plus, ils seront motivés à continuer à fréquenter les écoles, cette approche pourrait sous toute réserve éviter des décrochages.

PHASE DE PLANIFICATION ET DE PREPARATION DU PROJET

Planification de tous les indicateurs de performance (l'efficacité est un des indicateurs de performance qui sera apprécié pendant la réalisation de ces projets) ;

- Qui fait quoi dans le projet (affectation des gens aux tâches);

- Quand (déterminer les dates réalisation des activités et tâches);

- Lieu d'accomplissement des opérations (ex : laboratoire, salle de classe);

- Coûts en ressources matérielles et humaines (très important de prévoir à l'avance les coûts reliés aux matériels requis et les efforts mis sur le projet);

- Déterminer un plan de mise en marché du produit et du service (par exemple, pour la production du module électronique, les étudiants offrent une activité de plus au service des entreprises de la région).

- Planification du respect des normes de qualité (un projet doit respecter les normes de qualité internationales exigées par les organisations comme la Canadian Standard Association (CSA), l'International Standard Organisation (ISO), normes du bâtiment, etc.

- Quels sont les facteurs externes qui auront un impact sur le projet (politique, environnement, technologique, culturel, social, etc.)?

- Établir des critères et des outils d'évaluation du développement de la compétence disciplinaire et de la compétence transversale.

PHASE DE RÉALISATION

Rôle de l'apprenant :

- Techniciens-concepteurs (plan du design, instruction de travail, guide d'utilisation) ;
- Techniciens de production (produit ou objet) ;
- Agents technico-commerciaux (promotion du produit auprès des clients potentiels, c'est-à-dire, les dirigeants d'entreprise) ;
- Agent d'utilisation des moyens de technologie de l'information ;
- Gestionnaire, planificateur.

QUESTIONS A SE POSER (AVANT PROJET) :

- Comment arriverons-nous à faire preuve de solidarité dans ce projet ?
- Pourquoi l'esprit d'équipe est-il important ?
- L'esprit d'équipe est important, puisqu'il appelle à une cohésion, à une unité et à la solidarité. Aussi les membres de l'équipe sont différents mais ça leur permet de créer une nouvelle unité.
- Quelles sont les initiatives que votre équipe doit envisager dans ce genre de projet ?
- Dans quel comité de travail aimerez-vous vous investir ?
- Parmi les tâches à réaliser, laquelle représente un défi pour vous?
- En équipe organisez votre travail, déterminez des méthodes pour y arriver et établissez-vous des stratégies de réalisation?

QUESTION LIEE AUX PARTENAIRES

- Quels sont les partenaires stratégiques qui pourraient se joindre à vous pour assurer la Réussite du projet et quels seraient leurs rôles ?

Rôle de l'enseignant :

- Encadrement, gestion d'équipes de travail, recherche de résultats.

QUESTION POUR L'ENSEIGNANT QUANT À LA CRÉATION, À L'ADAPTATION DES PRODUITS (AVANT PROJET)

QUESTION LIÉE À LA PRODUCTION

- En quoi cette production met-elle les étudiants en position de relever un défi réaliste ?

QUESTION LIÉE AU PROCESSUS

- Jugez votre capacité à adapter la démarche, les étapes de réalisation les stratégies associées au projet que vous vivez avec vos étudiants?

QUESTIONS POUR L'ENSEIGNANT QUANT À LA CRÉATION, À L'ADAPTATION DES PRODUITS (APRÈS LA RÉALISATION DU PROJET):

- Quel est le défi que vous lancerez dans un prochain entrepreneuriat?
- Expliquez les caractéristiques entrepreneuriales que vous croyez avoir développées à travers ce projet?
- Quelles seraient votre niveau de satisfaction?
- La réalisation de ce projet a t-il répondu à un besoin du marché?
- Quelles sont vos limites dans la réalisation des projets?
- Quelles sont les valeurs distinctives?
- Quelles sont les autres facteurs de succès non identifiés?

PHASE D'INTÉGRATION

CAS NO 1 :

FACTEUR DE SUCCÈS : INNOVATION

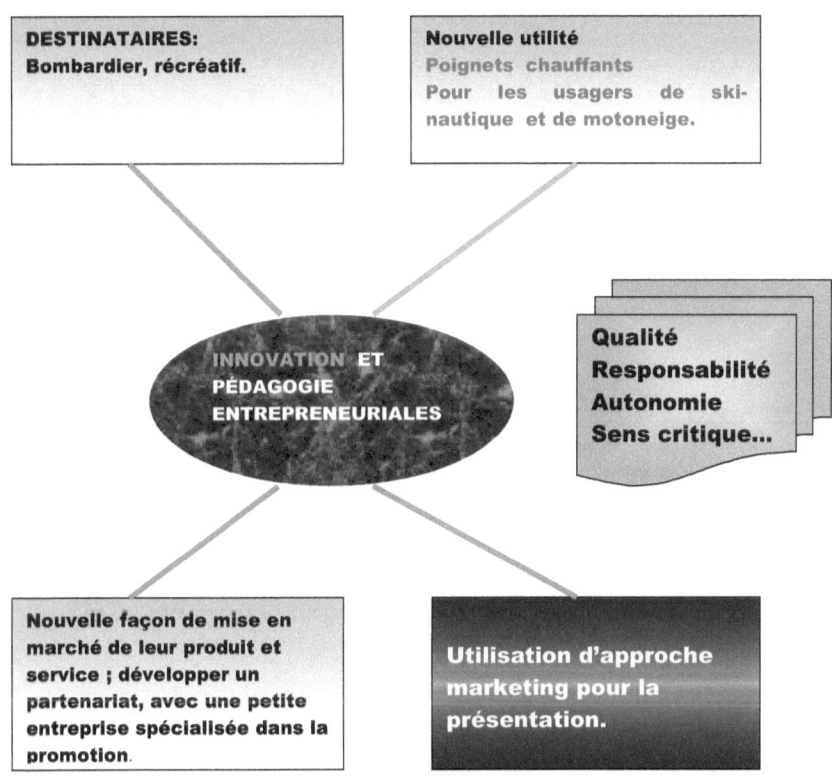

CAS NO 2

DESTINATAIRES :
École Normale Supérieure de l'Enseignement Technique (ENSET), Libreville, Gabon
Ministère de l'éducation nationale
Direction de l'enseignement technique

Nouvelle utilité :

Obtention d'une salle à l'usage des professeurs

INNOVATION et PÉDAGOGIE ENTREPRENEURIALES

Qualité
Responsabilité
Autonomie
Sens critique...

Nouvelle façon de mise en marché de leur produit et service ; développer un partenariat, avec une petite entreprise spécialisée en construction

Utilisation d'approche marketing pour la présentation (carte d'affaires)

FACTEUR DE SUCCÈS :

LEADERSHIP (MOBILISATION)

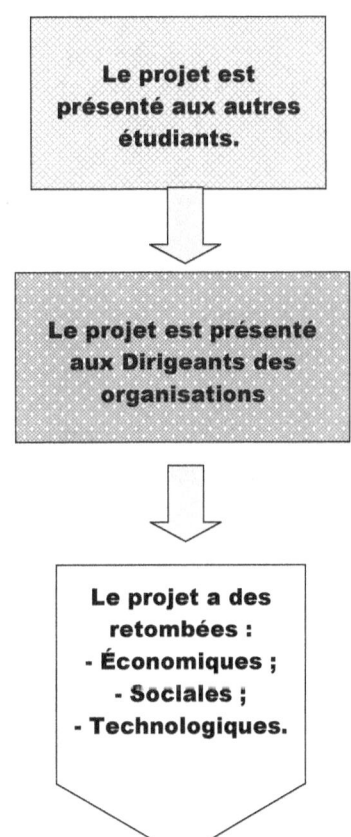

FACTEUR DE SUCCÈS :

RESPONSABILITÉ

Le projet est présenté aux autres étudiants.

Le projet est présenté aux Dirigeants des organisations

Assurance de qualité de leurs produits et biens

FACTEUR DE SUCCÈS :

COMMUNICATION

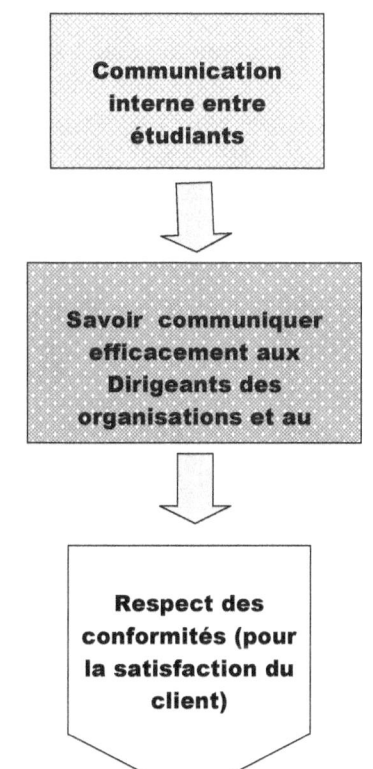

FACTEUR DE SUCCÈS :

AUTONOMIE

```
┌─────────────────────────┐
│   Démontrer une         │
│     capacité            │
│   d'indépendance        │
│  dans le travail à      │
│     exécuter            │
└─────────────────────────┘
            ⇓
┌─────────────────────────┐
│      Efficacité         │
│     Persévérance        │
│  Maîtrise des processus │
└─────────────────────────┘
            ⇓
┌─────────────────────────┐
│    Optimisation de      │
│      temps et           │
│      d'argent           │
└─────────────────────────┘
```

FACTEUR DE SUCCÈS :

ÉCOUTE

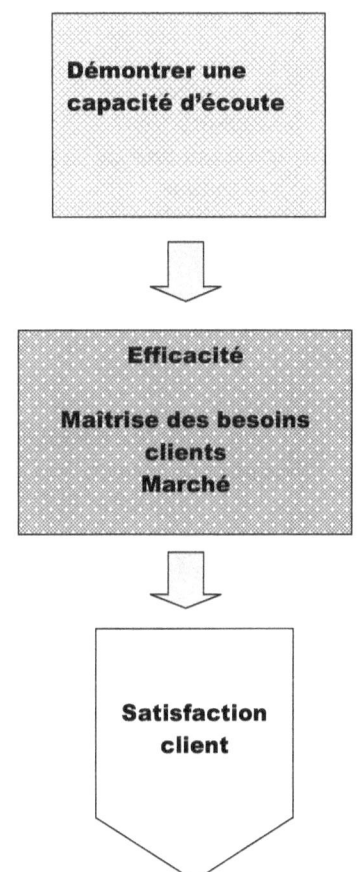

FACTEUR DE SUCCÈS :

QUALITÉ

```
┌─────────────────────┐
│  Démontrer une      │
│  capacité De        │
│  maîtrise des       │
│  processus          │
└─────────────────────┘
          ▼
┌─────────────────────┐
│  Assurance de la    │
│  conformité des     │
│  biens et services  │
└─────────────────────┘
          ▼
┌─────────────────────┐
│  Fournir des        │
│  meilleurs biens et │
│  services sur le    │
│  marché             │
└─────────────────────┘
```

QUESTIONS POUR L'ETUDIANT QUANT À LA CRÉATION, À L'ADAPTATION DES PRODUITS APRÈS LA RÉALISATION DU PROJET :

- En posant un regard sur l'ensemble de votre expérience de projet, relevez 1 à 3 raisons qui expliquent votre succès.

- Est-ce que ce projet vous a permis de développer vos caractéristiques entrepreneuriales et les compétences ciblées au préalable ?

- Avez-vous mis en application vos stratégies de succès? si oui, lesquelles et comment?

- Pensez-vous que votre expérience ou votre formation a été enrichie ?

- Y'a-t-il des points que vous devez améliorer ?

- Quelles sont vos observations à faire s'il y a lieu ?

- Comment vous vous projetez dans les 10 années à avenir ?
(Cap-Rouge, Des Presses Inter Universitaires, 2005, 80p)

CONCLUSION

Bien que les informations contenues dans cette communication ne constituent pas un système imposé, je pense que les activités pédagogiques à caractère entrepreneurial pourront contribuer à mieux outiller les étudiants pour les préparer à affronter les défis du marché du travail et à réussir leur vie personnelle, professionnelle dans un marché de plus en plus concurrentiel.

Par conséquent, il est mieux de s'armer d'outils efficaces pour se préparer à faire face aux différents défis.

C'est pourquoi il est fortement recommandé d'encourager les enseignants, les cadres de l'administration scolaire, les gouvernements à promouvoir le dynamisme et la créativité et à insuffler aux étudiants la passion, l'esprit et le besoin d'entreprendre qui s'avèreront des atouts indéniables pour leur avenir et celui de leur pays.

Car je pense que l'intégration de l'entrepreneuriat dans les écoles représenterait une des clés dans la création d'emplois et par conséquent dans la création de la richesse.

Les compétences en qualité doivent être priorisées dans l'enseignement et dans le milieu scolaire.

BIBLIOGRAPHIE

Gouvernement du Québec, *Défi de l'entrepreneuriat jeunesse, Plan d'action triennal 2004-2005-2006*. (En ligne) http://www.defi.gouv.qc.ca/publication/defi.pdf

Gouvernement du Québec, *Invitation à la culture entrepreneuriale. Guide d'élaboration de projet à l'intention du personnel enseignant*, p.8

Commission Européenne, *Vers la création d'une culture entrepreneurial*, www.acfci.cci.fr

Fillion, Louis Jacques, *Pour une vision inspirante en milieu scolaire*, 3e édition, Cap-Rouge, Des Presses Inter Universitaires, 2005, 80p www.iso.org

Contribution de **Paul Melagne**, M.Sc.A., Enseignant en Intégration Socioprofessionnelle, Centre de ressources éducatives et pédagogiques (CREP), Commission scolaire de Montréal.

Oui, je veux morebooks!

I want morebooks!

Buy your books fast and straightforward online - at one of the world's fastest growing online book stores! Environmentally sound due to Print-on-Demand technologies.

Buy your books online at
www.get-morebooks.com

Achetez vos livres en ligne, vite et bien, sur l'une des librairies en ligne les plus performantes au monde!
En protégeant nos ressources et notre environnement grâce à l'impression à la demande.

La librairie en ligne pour acheter plus vite
www.morebooks.fr

OmniScriptum Marketing DEU GmbH
Heinrich-Böcking-Str. 6-8
D - 66121 Saarbrücken
Telefax: +49 681 93 81 567-9

info@omniscriptum.com
www.omniscriptum.com

www.ingramcontent.com/pod-product-compliance
Lightning Source LLC
Chambersburg PA
CBHW021848220426
43663CB00005B/452